JN006767

JUST REAL SOLO CAMPING RECIPES

ひとりぶんの
キャンプごはん

緑川真吾 著

大泉書店

キャンプ料理と言っても、かんたんな料理から手のこんだ料理までさまざまあります。最近では、便利なキャンプ道具のおかげで自宅で作る料理と変わらない調理がキャンプ場でもできるようになりました。高火力のバーナーやおいしくお米が炊ける鍋、かんたんに燻製ができてしまうスモーカーなど、ソロキャンプ向きの道具という意味でもブームにのって色々と増えてきています。

ただ少しtoo muchと感じている人も多いのでは？

この本では、極力少ない道具を使い、ソロキャンプでリアルに私が作っている料理を4つのCHAPTERに分けて紹介しています。

現場でかんたんにできる料理や、自宅で仕込んで現場で完成させる料理、焚き火でじっくり時間をかける料理や、スパイスの香りを楽しむ料理。それらをなるべく手に入りやすい食材や調味料で、キャンプで作ることを意識して再現しています。

本書を読んで、おいしく楽しい「キャンプごはん」を思う存分に味わっていただければ幸いです。

緑川真吾

CHAPTER 2　現地で焼く or 煮るだけで本格レシピ

家でできることは家で。これソロキャンプの鉄則です。材料の下準備を家で済ませれば、現地では基本的に火を入れるだけでおいしい料理のできあがり。

CHAPTER 3　焚き火料理

せっかくそこに火があるなら、利用しない手はありません。強い火力でサッと焼くものから、熾火にしてじっくり育てるものまで。料理の時間を楽しみたい方に。

CHAPTER 4	スパイスおつまみレシピ

定番メニューにスパイスを合わせれば一味違うおつまみに早変わり。一回使っただけで棚で眠っているスパイスはこのCHAPTERで復活！ ごはんのおかずにもなりますよ。

本書のきまり

■大さじ1は15ml、小さじ1は5mlです。
　1カップは200mlです。

■各レシピの分量は、1人分を想定しています。

■鍋の大きさや材質によって熱の伝わり方や水
　分の蒸発の仕方などに差がでます。ふたは鍋
　のサイズにぴったり合い、できるだけ密閉で
　きるものを使用してください。

■火加減の目安は、強火が「鍋底に炎が勢いよ
　く当たる程度」、中火が「鍋底に炎がちょうど
　届く程度」、弱火が「鍋底に炎がギリギリ当た
　らない程度」です。

■レシピに出てくる「○分煮る」とは、はじめの
　材料を入れてからの目安時間です。

■材料の横にある縦線は、材料のうち食材と調
　味料を分けて表示しています。

CHAPTER 0

準備編

普段私が使用している調理道具を始め、ソロキャンプに行くときに持っていく道具たちを紹介しています。便利だと思うものをピックアップしましたが、キャンプの内容によって使用する道具は変わります。出発前日にあれこれ考えながら道具を揃える時間も楽しみのひとつなのです。

～俺流～ 調理道具セレクト

料理でよく使っている道具を紹介します。基本的に作る料理を決めて出発するので、それに使用する道具をピックアップして持っていきますが、鍋類はこのB、D、Jがあれば大抵の料理は作れます。

※著者私物

A　バーナー
（SnowPeak HOME&CAMP）

コンパクトに携帯でき火力、五徳に
安定感がある。

B　小型アルミ半寸胴鍋

業務用アルミ鍋は鍋底が厚く熱伝
導がよい。本書では炊飯に使用。

C　真鍮シェラカップ

調理鍋やボウル、皿、コップになる万
能アイテム。

D　ダッチオーブン
（LODGE ・6インチ）

小型ダッチオーブン。直火で使用す
るので焚き火料理で大活躍。

E　菜箸

調理の使用はもちろん、盛り付けな
どに。食事の箸とは別に用意する。

F　木べら

材料を混ぜたり、炒めたりするとき
に使用。しゃもじとしても。

G　ナイフ
（OPINEL No.8）

食材のカットはもちろん、小枝の処
理などにも使える万能ナイフ。

H　耐熱ヘラ

調理だけではなく、鍋の汚れ落とし
としても使える。

I　カッテングボード
（アカシア・18cm×25cm）

風合いのあるまな板はサービングボ
ードや皿としても使用できる。

J　フライパン
（PRIMUS ライテックパン・25cm）

持ち手が畳めるタイプの軽量フライ
パンがおすすめ。

ソロキャンプに持っていく道具の選択

ソロキャンプには必要最低限の道具しか持っていきません。でもそれぞれこだわりを持っています。ここで紹介するのは、ある一日のキャンプ道具たち。道具の選択はソロキャンプの第一歩。

※著者私物

A　クーラーボックス
（SEATTLESPORTS SS-フロスト
パック 23QT・21l）

保冷力が評判のソフトクーラーボッ
クス。容量もソロにちょうどよい。

B　シュラフ（MOUNTAIN HARD
WEAR-Phantom 45）

マット
（THERMAREST-プロライト）

コンパクトな3シーズン用シュラフ。シ
ュラフとマットは極力小さいものを。

C　タープ（Hilleberg-TARP10 UL）

コンパクトかつ強度があるタープ。

D　チェア（Vagabond）

チェアは多少かさばっても大きめの
ものを。座り心地は大事。

E　トライポッド（Douya）

ソロ用のミニトライポッド。コンパク
トなソロ焚き火台専用。

F　焚き火台
（UNIFLAME -ファイアスタンドII）

耐熱メッシュ素材なので超軽量。頑
丈なので薪を乗せるのも楽。

G　シェラカップ（小、大）

コップから調理、皿、小物入れにもな
る万能アイテム。

H　ライト類
（Barebones Living-Beacon LED・
左、UCO-キャンドルランタン・右）

ライト類は小さいものを2つ持って
いく。常灯用と移動用に活用。

I　鉄板（ヨコザワテッパン）

ソロ用の焚き火台にぴったり合うサ
イズの鉄板。取手とヘラはセット。

J　オリジナルスパイスボックス

自分のスタイルに合わせて自作した
オリジナル。

K　テーブル（Blue Ridge Chair
Works-Carolina Snack Table）

ソロとしては大きめだが色々置けて
便利な木製テーブル。

L　テント（ogawa-Tasso）

広めのワンポールテント。開放的な
空間からお籠り感までさまざまなス
タイルが楽しめる。

基本の調味料＋α

ここで紹介する基本の調味料は、常備しておいて損はないものです。調味したいときはもちろん、味に変化をつけたいときなどに重宝します。

A 醤油、B マヨネーズ、C ガーリックパウダー、D ケチャップ、E カレーパウダー、F だし類、G 岩塩、H 粗挽き胡椒、I スモークドパプリカ、J ゆず胡椒、からし、わさび、七味唐辛子、山椒など

本書で使っているその他の道具

レシピでたまに使用する道具たちをここにまとめました。もしキャンプで該当のレシピを作るときは、下記の調理道具も忘れずに持参してください。

ザル（P.16、P.66、P.116 、P.120）

米を研いだり、材料の水切りなどに使用しています。

火バサミ（P.96）

炭の中の食材を取り出すのに使用。焚き火台とセットで持っておきたい道具。

トーチ（P.40）

炙り料理に使用しています。薪や炭の火起こしにも便利です。

スキレット（P.40、P.98）

トーチで直接炙れたり、肉の旨味を引き出してくれる鋳鉄製フライパン。

ホットサンドメーカー（P.92）

かんたんにホットサンドが作れる専用フライパン。

S字フック（P.84）

焚き火に肉を吊るすために使用。ほかにもロープにかけて道具を吊ったりと重宝します。

おいしい米の炊き方

はじめちょろちょろ、なかぱっぱ？

ワンバーナーと鍋があれば、そんなに難しいことはありません。

コツは浸水と蒸らしをじっくり。

何度か試して自分好みの炊き加減を見つけてください。

使用道具	鍋（蓋つき）	材料	米 1合
	ワンバーナー		水 200ml
	ボウル		
	ザル		
	木べら		

1 米を研ぐ

米をザルに入れ、水を入れたボウルに重ね、優しく手で揉むように研ぐ。水が濁ってきたら交換する。これを2〜3回繰り返す。

2 浸水

鍋に研いだ米を入れ、水を入れる。蓋をして30分〜40分ほど浸水させる。米粒がすこしふっくらしたら、浸水完了。

3

火入れ

米が鍋の中で対流するように最初は強火で炊く。吹きこぼれ防止として蓋の上に石を置いて重しにする。

4

炊飯

鍋の縁から湯気が出てきたら、鍋底に火が当たらないほどの極弱火にして10分ほど加熱する。

5
蒸らし

湯気が止まって鍋か
らぱちぱちと音がして
きたら、火を止める。
バーナーから鍋を下ろ
し、蓋をしたまま10分
ほど蒸らす。

6
完成

木べらで空気を入れ
るように混ぜ、全体
がふっくらしたらでき
あがり。

CHAPTER 1

すぐできる！
お手軽レシピ

ソロキャンプでは荷物を極力減らしたい。そんな願いを叶えるのが、このCHAPTER1。ここで紹介するレシピは少ない食材で、また基本的にスーパーやコンビニなどどこでも買える食材が中心のレシピです。食材は地元の特産品を、という方にもおすすめ。

スパムと大根のタイ風サラダ

材料

スパム缶	100g	ナンプラー	少々
大根サラダ（袋入り）	1/2袋	乾燥バジル	適量

作り方

1 スパムは1cm角に切る。

2 フライパンを中火で熱し、1を入れて焼き色が付くまで炒める。

3 クッカーに大根サラダを入れて、ナンプラーをかけよく混ぜる。

4 3にスパムから出る油ごとかけ、混ぜたらバジルを散らす。

もっとタイを感じたい人は、手でちぎったパクチーを散らそう。エキゾチックな味が楽しめるぞ！

鯖とクリームチーズのディップ

材料

鯖缶(水煮)	1缶(150g)	醤油 大さじ1	
クリームチーズ	50g		
バゲット	1/2本		

作り方

1 シェラカップに汁気をきった鯖缶とクリームチーズ、醤油を入れてよく混ぜる。

2 バゲットは食べやすい大きさに切る。

このディップはいろんなおかずとしても使える。
野菜スティックにしたり、ごはんのお供にしてもいいぞ。

ツナと海苔佃煮の
わさび風味

材料

ツナ缶（油漬け）	1缶（70g）
海苔佃煮	大さじ1
わさび（チューブ）	10cm

作り方

1 シェラカップに全ての材料を入れて
　よく混ぜる。

パンに挟んでサンドイッチにしたり、
ホットサンドの具材にしてもおいしい。

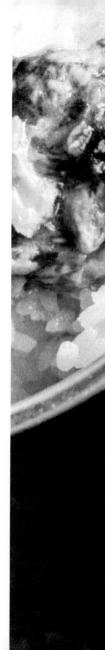

オイルサーディンのマリネ

材料

玉ねぎ	1/4個
ミニトマト	5個
オイルサーディン缶	1缶（105g）
ブラックオリーブ（スライス）	適量
塩	少々

作り方

1 玉ねぎはみじん切り、ミニトマトは半分に切る。

2 器にオイルサーディンを並べ、その上に**1**を乗せる。

3 **2**の上に塩をふって、オイルサーディンの缶に残ったオイルをかけ
ブラックオリーブを散らす。

 暑い日はそのまま、寒い日には熱したフライパンで
少し温めてから食べてもいい！

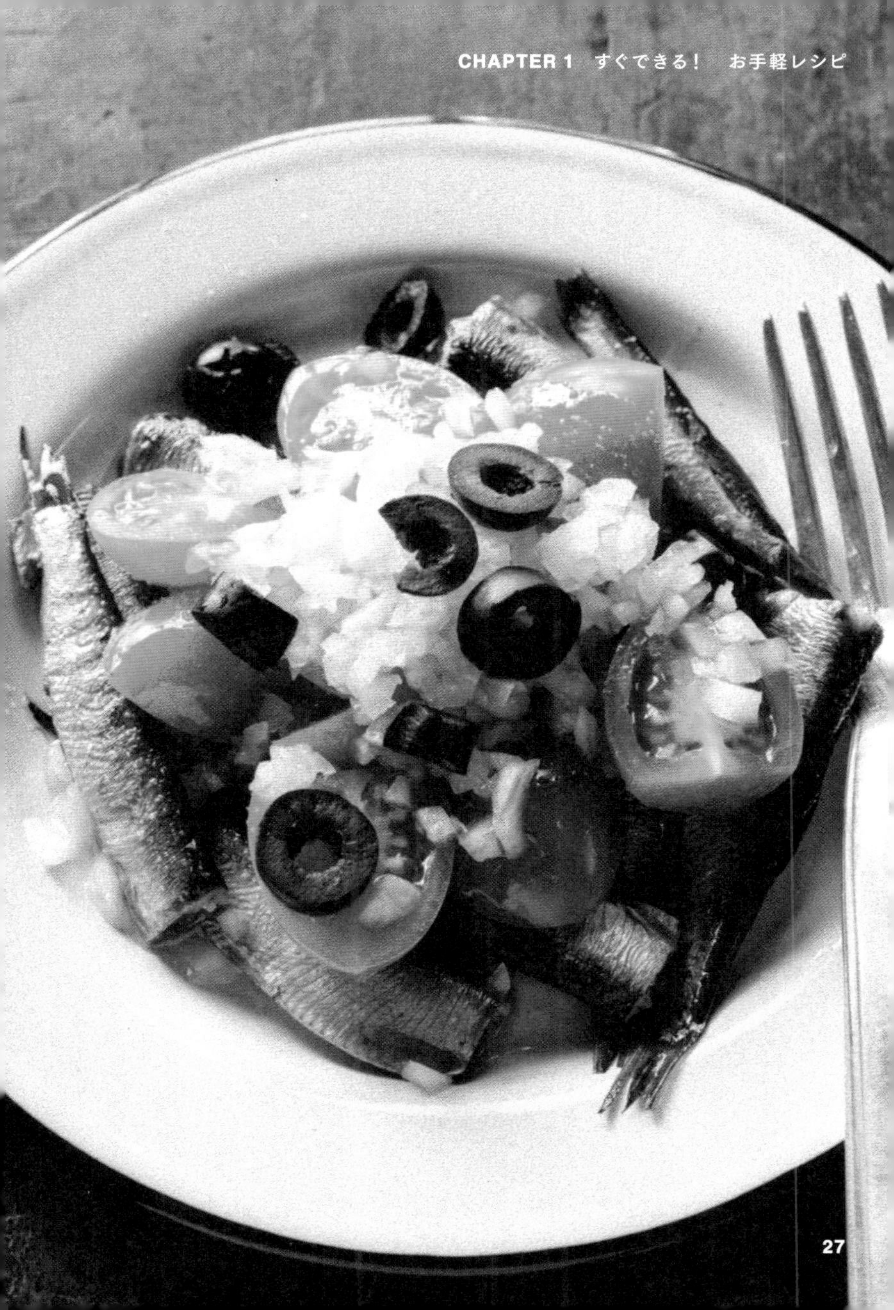

アンチョビトマトサラダ

材料

トマト(小)	1個
モッツァレラチーズ	1/2個
アンチョビ缶	5尾
ガーリックオリーブオイル	少々
粗挽き胡椒	少々

作り方

1 トマトとモッツァレラチーズは幅8mmほどにスライスする。

2 1が交互に重なるよう器に盛り付け、その上にアンチョビを乗せる。

3 ガーリックオリーブオイルを回しかけ、粗挽き胡椒をふる。

食材を一口大に切ってパスタの具材としても◎
一人分のパスタを茹でたら、フライパンで軽く炒め合わせよう。

ちりめんじゃことキャベツの炒めもの

材料

カットキャベツ	1袋(200g)
ちりめんじゃこ	大さじ1
ごま油	適量
にんにく(チューブ)	2cm
塩	少々

作り方

1 フライパンにごま油を中火で熱し、キャベツとにんにくを入れて、キャベツがしんなりするまで炒める。

2 1に軽く塩をふり、ちりめんじゃこを入れてさっと混ぜながら炒める。

 ちりめんじゃこを釜揚げしらすに変えたり、ごま油をねぎ油に変えても作れるぞ！　好きな組み合わせを探してみよう。

焼鳥と
叩ききゅうりの棒棒鶏

材料

きゅうり	1本
焼鳥缶(塩)	1缶(75g)
炒りごま	適量

作り方

1 きゅうりはビニール袋に入れて、木べらなどで叩き割る。

2 器に汁気をきった焼鳥缶と1を入れてよく混ぜ、
  炒りごまをふる。

サクッと作れるおすすめおつまみ。食べる前にクーラー
ボックスで冷やすとさらにおいしくなるぞ!

コンビーフとマスタードの
ポテサラ

材料

じゃがいも（中）	1個
コンビーフ缶	1/2缶（40g）
マヨネーズ	大さじ1
粒マスタード（チューブ）	5cm
粗挽き胡椒	少々

作り方

1 じゃがいもは皮をむいて竹串がスッと入るまで茹でる。

2 クッカーにじゃがいもを入れてつぶし、
さらにほぐしたコンビーフとマヨネーズ、粒マスタードを入れて混ぜる。

3 2に粗挽き胡椒を入れて軽く混ぜる。

じゃがいもは潰しすぎないで、荒くして食感を楽しむのが俺流。
マヨネーズやマスタードの量はお好みで調整しよう。

切り干し大根のホタテ和え

材料

	切り干し大根（もどした状態）	50g
	蒸しホタテ（ベビーホタテ）	8個
	醤油	小さじ1
A	マヨネーズ	大さじ1
	練りからし（チューブ）	1cm
	粗挽き胡椒	適量

作り方

1 切り干し大根は水でもどし、長さ2cmほどに切る。

2 1と蒸しホタテ、Aを器に入れて混ぜ、粗挽き胡椒をふる。

蒸しホタテが手に入らない場合は、ツナ缶で代用しよう。
ツナ缶を使用するときは、水はしっかりきって使うのがポイント！

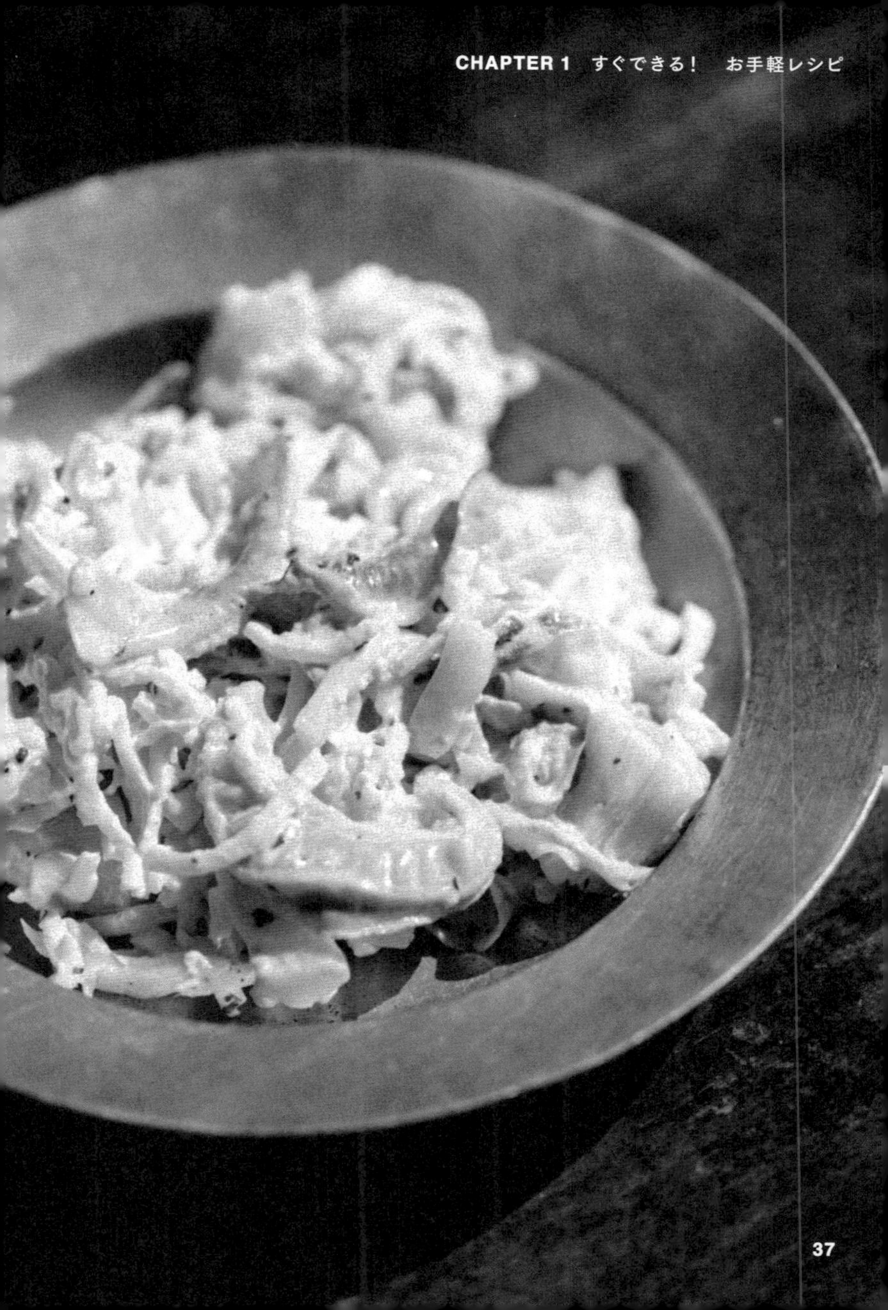

ミックスビーンズと 春菊のナムル

材料

春菊	2束	ごま油	適量
ミックスビーンズ缶	1缶(110g)	塩	少々

作り方

1 春菊は長さ5cmほどに切る。

2 器に全ての材料を入れてよく混ぜる。

春菊の他にも水菜やキャベツ、レタスなどでも作れるぞ。
その日に手に入った野菜でアレンジしてもOK！

鮭とアボカドの炙りチーズ

材料

アボカド	1個
鮭缶（水煮）	1缶（180g）
ミックスチーズ	適量
ガーリックオリーブオイル	大さじ1
醤油	少々
マヨネーズ	少々

作り方

1　アボカドは皮をむき、一口サイズに切る。

2　スキレットにガーリックオリーブオイルを中火で熱し、
　　1と汁気をきった鮭缶を入れて、全体に火が通るまで炒める。

3　火を止め、醤油とマヨネーズ、ミックスチーズをまんべんなくかける。

4　トーチで全体に焼き色が付くまで炙る。

炙り加減はお好みでどうぞ。バゲットに挟んで
サンドイッチにすれば、持ち運べるから散歩のお供に！

コンビーフのチリコンカン

材料

コンビーフ缶	1缶（80g）	サラダ油	少々
赤インゲン豆缶（水煮）	100g	粗挽き胡椒	少々

	トマトジュース（有塩）	200ml
A	にんにく（チューブ）	3cm
	鷹の爪（輪切り）	少々

作り方

1 クッカーにサラダ油を中火で熱し、コンビーフがほぐれるまで炒める。

2 1に汁気をきった赤インゲン豆缶とAを入れて、
　水分を飛ばすように5分ほど煮る。

3 器に盛り、粗挽き胡椒をふる。

鷹の爪と粗挽き胡椒を多めにしたり、チリパウダーを少し足すと
よりスパイシーな仕上がりに。

手羽先の甘辛煮

材料

手羽先　5本			
	A	だし醤油	100ml
		みりん	小さじ1
		水	200ml
		鷹の爪（輪切り）	少々

作り方

1　クッカーに**A**を入れて混ぜる。

2　鍋に手羽先の皮が下になるよう並べ、
　　1と鷹の爪を入れて中火で5分ほど煮る。

3　手羽先を裏返して、さらに5分ほど煮る。

煮込めば煮込むほど味が染み込んでおいしく仕上がるぞ。
しっかり煮込んで水分が飛んできたら火を止めよう。

牛肉と里芋の煮ころがし

材料

牛肉(切り落とし)	100g		だし醤油	大さじ1
里芋(下茹で済み)	9個	**A**	砂糖	小さじ1
			水	100ml
			ごま油	大さじ1
			炒りごま	少々

作り方

1　クッカーに**A**を入れて混ぜる。

2　鍋にごま油を中火で熱し、牛肉を入れて、焼き色が付くまで炒める。

3　2に里芋と1を加え、焦がさないよう鍋をふって水分が飛ぶまで煮込む。

4　器に盛り、炒りごまをふる。

牛肉の代わりに一口大に切った豚バラを使うと甘みが増して、こってりとした仕上がりに。これもおすすめ！

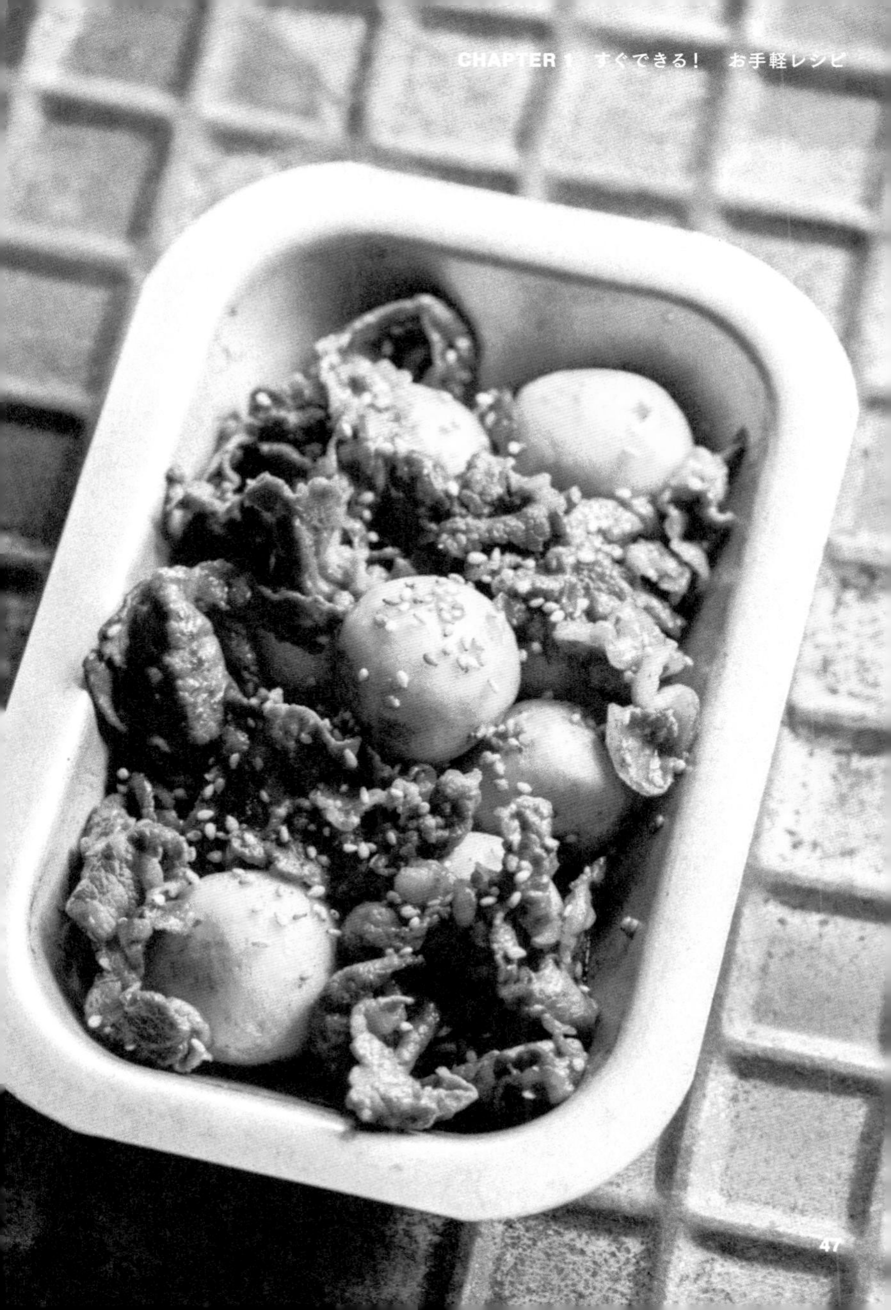

アスパラと長芋のポン酢和え

材料	ホワイトアスパラ（瓶詰め）　4本	ポン酢　　大さじ1
	長芋　　　　　　　　　　　10cm	かつお節　適量

作り方　**1**　ホワイトアスパラは長さ4cmほどに切り、
　　　　　　長芋は皮をむき5cmの棒状に切る。

　　　　2　器に全ての材料を入れてよく混ぜる。

マグロとねぎと塩昆布のごま油和え

材料	小ねぎ	4本	ごま油	適量
	マグロ（刺し身用）	10cm	炒りごま	適量
	塩昆布			

作り方　**1**　小ねぎは長さ5cmほどに切り、マグロはひと口大に切る。

　　　　2　シェラカップにマグロと塩昆布、ごま油を入れてよく和える。

　　　　3　器に盛り、**1**と炒りごまを散らす。

牛大和煮のキムチ和え

材料 | 牛大和煮缶[※] 1缶（155g）
白菜キムチ 100g

※大和煮缶は馬肉のものでもOK。

作り方 **1** 器に全ての材料を入れてよく混ぜる。

50

蟹しんじょ風のスープ
かに

材料				
	したらば[※]	1本	片栗粉	小さじ1
	はんぺん	1枚	水	250ml
	小ねぎ	1本	だし醤油	大さじ1

※コンビニなどで売られている
　大きめのカニカマボコ。

作り方

1　したらばとはんぺん、片栗粉をポリ袋に入れて全体が混ざるまでよく揉む。

2　小ねぎは長さ3cmほどに切る。

3　クッカーに水とだし醤油を入れて火にかける。

4　**3**が沸騰したら**1**を丸めて入れて5分ほど茹でる。

5　器に盛り小ねぎを散らす。

キャンプの始まりから終わりまで

皆さんはソロキャンプをどのように楽しんでいるだろう？　人それぞれに自由に過ごすのがソロキャンプの醍醐味。でも、周りに居る他の人のキャンプスタイルが気になったりもする（笑）。そこで私のソロキャンプの過ごし方を紹介したいと思う。私はキャンプ場に着くと先ずテントを張る場所を考える。ソロなのでなるべく人がいない、そして景色が良い場所を選ぶ。場所を決めたら、先ずはテーブル、チェアをセットして自宅で仕込んできたツマミを出し、軽く1杯。テントの設営は後回しだ。景色を見ながら2杯目、この辺りでテントを設営し、寝床を作る。そして本格的に夜の酒の肴を作り出す。焚き火の準備もマジックアワーまでには終わらせたい。辺りが暗くなったところで、焚き火を見ながらゆっくり晩酌を始める。普段あまりできない読書をしたり、映画を見たりしながらゆっくりとした時間を過ごす。音楽はあまり流さない、焚き火が爆ぜる音で十分だからだ。

CHAPTER 2

現地で焼く or 煮るだけ で本格レシピ

現地で料理にかける時間をできるだけ短くしたい。そんな方におすすめなのがこのCHAPTER2です。ここで紹介するレシピは、材料を切ったり下味をつけるなどの下準備は家で行い、キャンプ場では火を通すだけ。1日漬け込むマリネなども前日に済ませておきましょう。

※レシピにある下準備の項目が家で行う工程です。切った材料は、材料ごとにチャック付き保存袋に入れ、よく空気を抜き閉め、クーラーボックス等に入れて持っていきます。

ラム肉のソテー&
玉ねぎソース

材料

ラム肉（ステーキ用）	200g	塩	少々
玉ねぎ	1/4個	粗挽き胡椒	少々
		焼肉のタレ	大さじ2
		サラダ油	小さじ1

作り方

下準備

1 ラム肉は一口サイズに切り、
塩と粗挽き胡椒をふる。

2 玉ねぎはみじん切りにして焼肉のタレと混ぜる。
（以上で包丁を使う工程は終わり）

3 フライパンにサラダ油を中火で熱し、ラム肉を入れて
両面焼き色が付くまでしっかり焼く。

4 3に2をかけさっと炒める。

玉ねぎと同量のリンゴのすりおろしを加えると
さらにさっぱりしておいしい！

鶏ももと玉ねぎの酢醤油炒め

材料

鶏もも肉	200g	生姜	1片
玉ねぎ	1/4個	にんにく（チューブ）	3cm
にんじん	1/3本	醤油	100ml
		酢	100ml

作り方

下準備	1 鶏肉は皮ごと一口サイズに切る。
	2 玉ねぎは幅2mmほどにスライスし、にんじんと生姜は千切りにする。
	3 チャック付き保存袋に全ての材料を入れて空気を抜き、よく揉んで混ぜ合わせ2時間ほど冷蔵庫で漬け込む。

（以上で包丁を使う工程は終わり）

4 フライパンを中火で熱し、3を漬け汁ごと入れて煮詰める。

5 時々鶏肉を返しながら、水分が少なくなるまで炒める。

下準備の漬け込む工程で、醤油と酢のかわりに、ポン酢を同量入れてもおいしく仕上がるぞ！

豚バラと長芋の
ねぎ塩炒め

材料

豚バラ肉(スライス)	100g
長芋	15cm
小ねぎ	1本
塩	少々
ねぎ油	大さじ1
炒りごま	少々

作り方

下準備

1 豚バラは幅5cmほどに切り、長芋は長さ
5cmほどの棒状、小ねぎは長さ5cmほど
に切る。
（以上で包丁を使う工程は終わり）

2 フライパンを中火で熱し、豚バラを両面炒める。

3 豚バラの油が出てきたら長芋を入れて塩をふり、
焼き色が付くまで炒める。

4 小ねぎを入れてさらに混ぜながら炒め、
最後にねぎ油を回しかける。

5 器に盛り、炒りごまをふる。

豚肉をカリッと焼くことで
長芋のホクホク感とのバランスがよくなるぞ。

香味野菜香る煮豚

材料

豚ロース肉（塊）	100g	水	適量
生姜（チューブ）	15cm	塩	大さじ1
長ねぎ	1本	和風ドレッシング	少々

作り方

下準備

1 長ねぎは青い部分と白い部分に分け、青い部分は
ざく切り、白い部分はみじん切りにする。
（以上で包丁を使う工程は終わり）

2 鍋に豚肉と生姜、長ねぎの青い部分、塩、肉が浸るほどの水を
入れて強火で沸騰させる。

3 沸騰したら弱火にし、蓋をして30分ほど茹でる。

4 茹で上がったら鍋から取り出し20分ほど冷ます。

5 4を食べやすい大きさにスライスして1の長ねぎをふり、
和風ドレッシングをかける。

ジューシーな豚肉にはさっぱりした和風ドレッシングが
相性ぴったり。よく和えてから食べよう！

かんたん魯肉飯
ルーローハン

材料

豚バラ肉（スライス）	200g		醤油	小さじ1
ゆで卵	1個		オイスターソース	小さじ1
たくあん	2～3枚	A	五香紛	小さじ1/2
ごはん	200g		水	200ml

作り方

下準備 **1** 豚肉は幅1cmほどの細切りにする。

（以上で包丁を使う工程は終わり）

2 鍋に豚肉と殻をむいたゆで卵、**A**を入れて中火で煮る。

3 煮汁が少なくなり豚バラ肉に火が入ったら、

ごはんを盛った器に盛り付け、たくあんをトッピングする。

ゆで卵は浮いてくるので、煮るときは、
こまめに裏返しならしっかり味を染み込ませよう。

ごま油香るじゃがいもの
千切り炒め

材料

	じゃがいも（中）	1個
	ごま油	大さじ1
	鷹の爪（輪切り）	少々
A	味の素	小さじ1/2
	醤油	大さじ1

作り方

下準備 **1** じゃがいもは皮をむき、千切りにして一度水で洗い、キッチンペーパーで水分をとる。
（以上で包丁を使う工程は終わり）

2 フライパンにごま油を中火で熱し、
じゃがいもを入れて透明になるまで炒める。

3 2にAを入れて、強火で1分ほど絡めながら炒める。

じゃがいもは炒め加減で固さがかわるので、
好みで調整してみて！

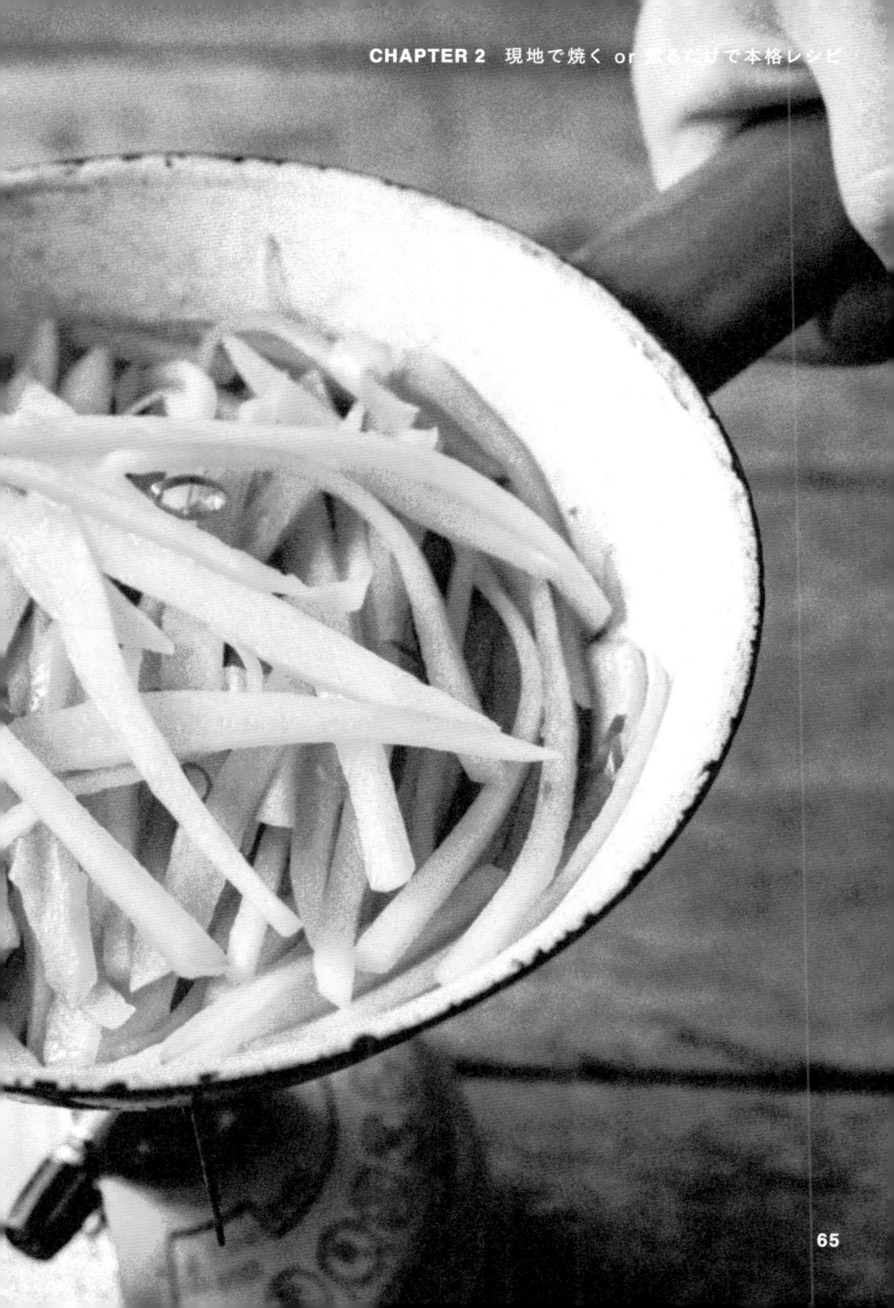

牛肉と山菜ミックスの
ごま油炒め

材料

山菜ミックス（水煮）	100g
牛ロース肉（スライス）	100g

ごま油	大さじ1
塩	少々
醤油	小さじ1

作り方

下準備	**1** 山菜ミックスはザルにあけ、軽く水洗いして水気を切る。

（以上で炒める以外の工程は終わり）

2 フライパンにごま油を中火で熱し、
塩をふった牛肉を炒める。

3 牛肉に火が入ったら、**1**を加えて2分ほど炒める。

4 **3**に醤油を入れて1分ほど炒める。

山菜ミックスは火を入れすぎるとクタクタに
なってしまうので、サッと炒めるのがポイント！

漬け込みチキンカレー

材料

玉ねぎ	1/4個		トマトケチャップ	大さじ1
鶏もも肉	100g		にんにく（チューブ）	3cm
ヨーグルト	100g		生姜（チューブ）	3cm
ごはん	200g	**A**	塩	小さじ1/2
水	200ml		ターメリックパウダー	小さじ1/2
鶏ガラスープの素	小さじ1		クミンパウダー	小さじ1/2
			コリアンダーパウダー	小さじ1
			カイエンペッパー	小さじ1/4

作り方

下準備

1 玉ねぎは5mmほどにスライスする。

2 チャック付き保存袋に**1**と鶏肉、ヨーグルト、**A**を入れて空気を抜き、よく揉んで混ぜ、3時間ほど冷蔵庫で漬け込む。
（以上で包丁を使う工程は終わり）

3 鍋を中火で熱し、**2**を汁ごと入れて、鶏肉に火が入るまで炒める。

4 **3**に水と鶏ガラスープの素を入れてよく混ぜ、強火で沸騰させる。

5 沸騰したら極弱火にし、蓋をして30分ほど煮込む。

水分が少なくなりすぎたら、
少し水を足し最後に塩で調味しよう。

漬け込みポークビンダルーカレー

材料

豚肩ロース肉			にんにく（チューブ）	3cm
（ブロック）	100g		生姜（チューブ）	3cm
玉ねぎ	1/4個	**A**	塩	小さじ1/2
ヨーグルト	100g		ビンダルーペースト	大さじ1
ごはん	200g		コリアンダーパウダー	小さじ1
ココナッツミルク	200ml		カイエンペッパー	小さじ1/4

作り方

 下準備

1 豚肉は一口サイズに切り、
玉ねぎは幅5mmほどにスライスする。

2 チャック付き保存袋に**1**とヨーグルト、**A**を入れて空気を抜き、
よく揉んで混ぜ、3時間ほど冷蔵庫で漬け込む。
（以上で包丁を使う工程は終わり）

3 鍋にココナッツミルクと**2**を汁ごと入れてよく混ぜ、強火で沸騰させる。

4 沸騰したら極弱火にして、蓋をして30分ほど煮込む。

市販のビンダルーペーストはメーカーによって
塩分や酸味が異なるので、塩で自分好みに調整しよう。

鶏ひき肉と豆のカレー

材料

玉ねぎ	1/4個	サラダ油	大さじ1
鶏ひき肉(もも)	150g	にんにく	
ミックスビーンズ缶	80g	(チューブ)	3cm
ごはん	200g	生姜(チューブ)	3cm
ターメリックパウダー	小さじ1/2	塩	小さじ1/2
クミンパウダー	小さじ1/2	水	150ml
コリアンダーパウダー	小さじ1		
カルダモンパウダー	小さじ1/2		

(左側の材料に **A** のラベルが付いている)

作り方

下準備 **1** 玉ねぎはみじん切りにする。
　　　　　（以上で包丁を使う工程は終わり）

2 フライパンにサラダ油を中火で熱し、**1**を入れてキツネ色になるまで炒める。

3 **2**ににんにくと生姜を入れて香りが立つまで炒め、**A**と塩を入れて、焦がさないように1分ほど炒める。

4 **3**にひき肉を入れて、焼き色が付くまで炒める。

5 **4**に汁気をきったミックスビーンズと水を入れて10分ほど煮込む。

付け合わせに梅干しを添えると酸味が加わり
爽やかな味わいになるぞ！

五目焼きビーフン

材料	豚バラ肉			焼きビーフン（味付き）	1袋
	（スライス）	50g	**A**	野菜ミックス※	1/2袋
	うずらの卵（水煮）	3個		ヤングコーン（水煮）	3本
	サラダ油	大さじ1/2		水	200ml

※ニラ、にんじん、もやし

作り方　下準備　**1** 豚肉は長さ4cmほどに切る。

（以上で包丁を使う工程は終わり）

2 フライパンにサラダ油を中火で熱し、豚肉を入れ焼き色が付くまで炒める。

3 **2**に**A**を入れて蓋をし、沸騰後3分ほど蒸し焼きにする。

4 蓋を開けビーフンをほぐしながら水分が飛ぶまでよく混ぜる。

5 器に盛り、うずらの卵を乗せる。

台湾風鍋ピエンロ

材料	豚バラ肉（薄切り）	100g	水	300ml
	白菜	1/6個	鶏ガラスープの素	小さじ2
	干し椎茸	2個	ごま油	小さじ2
	春雨	50g	塩	小さじ1/2

作り方　下準備　1　豚肉と白菜は食べやすいサイズに切る。

（以上で包丁を使う工程は終わり）

2　クッカーに干し椎茸と水200ml（分量外）を入れて、30分ほどつけてもどす。

3　別のクッカーに春雨と水（分量外）を入れて、5分ほどつけてもどす。

4　鍋で水を沸かし、1と鶏ガラスープの素を入れて、5分ほど煮込む。

5　4に干し椎茸（戻し汁ごと）と春雨を入れて、さらに5分ほど煮込む。

6　最後にごま油を回しかけ、塩で調味する。

スペアリブのさっぱり煮込み

材料	生姜	2片	水	適量
	スペアリブ	4本	オイスターソース	大さじ1
	長ねぎ（青い部分）	1本分	塩	小さじ2

作り方　<u>下準備</u>　**1** 生姜は皮ごとスライスする。

（以上で包丁を使う工程は終わり）

2 鍋に全ての材料と食材が浸るほどの水を入れる。

3 強火にかけ、沸騰したら弱火にし、蓋をして60分ほど煮込む。

鱈とアスパラのバターソテー

材料	アスパラガス	2本	バター	8g
	鱈の切り身（甘口）	1切れ	粗挽き胡椒	少々

作り方　下準備　**1** アスパラガスは袴を取り、長さ5cmほどに切る。
（以上で包丁を使う工程は終わり）

2 フライパンにバターを中火で熱し、アスパラガスと鱈を入れて、
焼き色が付くまで炒める。

3 **2**を器に盛り、粗挽き胡椒をふる。

サンラータン
酸辣湯

材料

小ねぎ	1本
木綿豆腐	1/2丁
もずく酢	1パック
卵	1個

水	200ml
鶏ガラスープの素	小さじ1
鷹の爪（輪切り）	少々
水溶き片栗粉	大さじ1
クコの実	適量

作り方　　下準備　　**1**　小ねぎは小口切りにする。（以上で包丁を使う工程は終わり）

2　クッカーで水を沸かし鶏ガラスープの素を入れ混ぜ、
　　手でちぎった木綿豆腐を入れて3分ほど煮る。

3　**2**にもずく酢と鷹の爪を加え混ぜたら、
　　一旦火を止め水溶き片栗粉を入れてよく混ぜる。

4　**3**を中火にかけ沸騰したら溶いた卵を入れて、卵がふわっとするまで煮る。

5　器に盛り**1**とクコの実を散らす。

純豆腐

材料				
	あさり（殻付き）	10個	純豆腐スープ	150g
	木綿豆腐	1/2丁	鷹の爪（輪切り）	少々
	牛肉こま切れ	80g		
	卵	1個		

作り方

下準備	1 ボウルに水とあさり、塩適量（分量外）を入れ、砂抜きする。砂抜きが終わったら、水気をきりチャック付保存袋に入れる。（以上で下処理は全て終わり）

2 木綿豆腐は手で一口大にちぎる。

3 鍋に全ての材料を入れて中火にかけ、沸騰後5分ほど煮込む。

4 3に卵を落とす。

COLUMN 2

こだわりのギア

キャンプに行けば行くほど道具も増えてくる。キャンプを楽しむ上で道具にこだわるのはひとつの楽しみでもある。人それぞれスタイルは異なるが、私の場合は料理を楽しむキャンプの場合、ソロでも自分なりにこだわった道具を持ち込む。何にでも使えるシェラカップから業務用の鍋底厚の小型半寸胴、自作のスパイスボックスや自宅でも使い慣れている木べら。多少荷物が多くなっても車なら問題ない。テーブルやチェア、照明にもこだわりたい。良い雰囲気のサイトで食べる料理は特別おいしく感じるからだ。お酒が好きなので酒器にもこだわっている。日本酒や燗酒を楽しむために、酒タンポや漆器の酒器なんかを持ち込んで雰囲気を出したり。徒歩で行くバックパッキングキャンプでも必要最低限のこだわりの道具達を詰め込んで、その場その場の雰囲気を楽しむ。皆さんにも、こだわりの道具を連れ出して自分流のキャンプを楽しんでもらいたい。

CHAPTER 3

焚き火の料理

キャンプの醍醐味といえば焚き火。燃えさかる炎を眺めながら過ごす時間は、至福のときです。そんな焚き火の火を使っていろんな料理を紹介するのがこのCHAPTER3。じっくり火を育てながら、自分なりのフルコースをつくって贅沢なひとときを楽しみましょう。

焚き火チーズインハンバーグ

材料

玉ねぎ	1/4個		塩	少々
牛豚合い挽き肉	200g	**A**	ナツメグ	少々
カマンベールチーズ			粗挽き胡椒	少々
（6個入り）	2ピース		ケチャップ	大さじ1
			中濃ソース	大さじ1
			オリーブオイル	少々

作り方

1 玉ねぎは細かくみじん切りにする。

2 チャック付き保存袋などに1と合い挽き肉、**A**を入れてよく揉み、ハンバーグのタネを作る。

3 2を保存袋から取り出し、真ん中にカマンベールチーズを入れて小判型に成形し、手の平に軽く打ち付け空気を抜く。

4 フライパンにオリーブオイルを中火で熱し、3分ほど焼いたら裏返し、蓋をしてさらに3分ほど蒸し焼きにする。

5 シェラカップなどにケチャップと中濃ソース、ハンバーグを焼いた時に出た脂を入れて、弱火で良く混ぜながら一煮立ちさせソースを作る。

つなぎを使わないから、
肉の旨味をしっかり味わえるハンバーグ！

豚塊肉の吊るし焼き

材料

| 豚バラ肉（ブロック） 300g

塩　　　　少々
粗挽き胡椒 少々
焼肉のタレ 適量

作り方

1　豚肉に塩と粗挽き胡椒をふる。

2　トライポッドにS字フックを刺した豚肉を吊るし、
　焚き火から15cm程度の位置でじっくり焼いていく。

3　ときどき焼き面を変えながら焼き、
　焼けた部分に焼肉のタレをハケで塗り、外側からナイフで切って食べる。

焚き火調理で大事なのは熾火[※]！
熾火で焦らずじっくり焼いていこう。

※薪や炭が燃えた後の赤くなったもの。

ラムチョップの炭火焼きと
オーロラソース

材料

ラムチョップ　　2本	オリーブオイル　少々
	ケチャップ　　　大さじ1
	マヨネーズ　　　大さじ2
	塩　　　　　　　少々
	粗挽き胡椒　　　少々

作り方

1　鉄板にオリーブオイルを塗り、焚き火台にセットする。

2　シェラカップにケチャップとマヨネーズを入れて混ぜ、
　　オーロラソースを作る。

3　ラムチョップに塩と粗挽き胡椒をふる。

4　**1**で温めた鉄板で**3**の全面を肉汁が出るまで焼く。

ラムチョップは火を入れすぎると固くなるので注意！
指で軽く押してみて弾力があるくらいがベスト。

サーモンのたたき

材料

生サーモン（柵）	200g
塩	少々
粗挽き胡椒	少々
フレッシュディル	少々
シーザードレッシング	適量

作り方

1　サーモンに塩と粗挽き胡椒をふる。

2　フレッシュディルは手で小房に分ける。

3　炭火に網を乗せ、
　　サーモンの全面に焼き色が付くまで焼く。

4　3を食べやすい大きさに切ったら器に盛り、
　　2とシーザードレッシングをかける。

サーモンはくっつきやすく、崩れやすい。
焼き網をしっかり温めてからサーモンを焼き始めよう！

やわらか焼豚

材料

豚肩ロース肉（ブロック）	200g	塩	少々
玉ねぎ	1個	粗挽き胡椒	少々
		サラダ油	少々
		醤油	少々
		にんにく（チューブ）	3cm

作り方

1 豚肉に塩と粗挽き胡椒をふる。

2 玉ねぎは4等分に切る。

3 ダッチオーブンにサラダ油を中火で熱し、
   豚肉の全面に焼き色が付くまでしっかり焼く。

4 豚肉を一旦取り出し、ダッチオーブンに底網を敷き蓋をして、
   焚き火に15分ほど入れて温める（プレヒート※）。

5 プレヒートしたら蓋を開け、真ん中に豚肉、まわりに玉ねぎを入れる。

6 蓋をして下火2：天火8の割合で炭を置き15分〜20分ほど焼く。

7 6を焚き火から下ろし、ダッチオーブンが冷めるまで放置する。

8 豚肉と玉ねぎ、底網を取り出し、ダッチオーブンに醤油とにんにくを入れて、
   さっと火にかけグレービーソースを作る。

9 7を食べやすいサイズに切り、器に盛り付け、グレービーソースをかける。

※プレヒートとは鍋を予熱すること。
　プレヒートをすることで、ダッチオーブンに食材がこびりつくのを防ぎます。

プレヒートして高温でしっかり焼けば、
肉の旨味を閉じ込めることができるぞ!

キューバ風ホットサンド

材料

サラダチキン	1/2個	バター	適量
きゅうりピクルス	2本	シーザードレッシング	適量
ベーコン	3枚		
食パン	2枚		
千切りキャベツ	30g		
チェダーチーズ（スライス）	2枚		

作り方

1 サラダチキンは5mmほどに、ピクルスは縦にスライス、ベーコンはパンのサイズに合わせて切る。

2 食パンにバターを塗っておく。

3 ホットサンドメーカーを中火に熱し、ベーコンを入れて、焼き色が付くまで炒めたら取り置く。

4 バターを塗った食パンをホットサンドメーカーに乗せて、3とキャベツを乗せたらドレッシングをかけ、ピクルス、サラダチキン、チェダーチーズの順に乗せたら食パンで挟み蓋をする。

5 4を中火で両面を2分ほど焼く。

ピクルスの酸味と濃厚な
チェダーチーズのコクが相性抜群。

タイの焼鳥 サテー

材料

	鶏もも肉	300g
A	サテーの素（漬け込み用）	20g
	ココナッツミルク（漬け込み用）	50ml
	サテーの素（ソース用）	40g
B	ココナッツミルク（ソース用）	100ml
	サラダ油	大さじ1

作り方

1 鶏肉は幅2cmほどの棒状に切る。

2 クッカーに**A**を入れ混ぜ、**1**を加え1時間ほど漬け込む。

3 小鍋に**B**を入れて混ぜる。

4 **3**を中火にかけ沸騰したら、
　弱火で10分ほど煮てソースを作る。

5 炭火に網を乗せ、串に刺した**2**をときどき返しながら、
　火が入るまで焼く。

鶏肉はなるべく均等に棒状に串に刺すのがポイント。
火が均等に入りやすくなるぞ！

じゃがバター塩辛

材料

じゃがいも（大）	1個
イカの塩辛	大さじ1
バター	8g

作り方

1　じゃがいもはよく洗い、
　　半分の深さまで十字に切り込みを入れる。

2　1をアルミ箔で二重に包み、焚き火にそのまま入れる。

3　火バサミでときどき転がしながら直接火が触れないよう
　　遠火で、じゃがいもにすっと竹串が入るまで焼く。

4　3を焚き火から取り出し、アルミ箔を外したら、
　　イカの塩辛とバターを乗せる。

バターと塩辛の他に鯖とクリームチーズのディップ
（P.22）や、ツナと海苔佃煮のわさび風味（P.22）でも◎

砂肝と長ねぎのアヒージョ

材料

砂肝	100g
にんにく	1片
長ねぎ	1/2本
粗挽き胡椒	少々
オリーブオイル	適量
アヒージョの素(1袋)	20g

作り方

1 砂肝の両側に付いている青白い部分を包丁で削ぐ。
  半分に切り、粗挽き胡椒をふる。

2 にんにくはスライス、長ねぎは長さ3cmほどに切る。

3 スキレットに食材が半分浸る程度のオリーブオイルを入れ弱火で熱し、
  にんにくを加え香りが立つまで煮る。

4 3に1と長ねぎ、アヒージョの素を入れて、15～20分ほど加熱する。

砂肝の下処理はめんどくさいけどていねいにやろう。
食べたときの食感がとてもよくなるぞ!

炭焼きローストビーフ

材料

牛ロース肉（ブロック）	200g
塩	少々
粗挽き胡椒	少々
醤油	大さじ1
練りわさび（チューブ）	5cm

作り方

1 牛肉に塩と粗挽き胡椒をふる。

2 炭火に網を乗せ、強火で牛肉の全面を焼き色が付くまでしっかり焼く。

3 2を火から下ろし、アルミホイルで包み、
チャック付き保存袋に入れて20分ほど保温する。

4 3をアルミホイルから取り出し、アルミホイルに残った肉汁をシェラカップに
入れ、醤油を入れてさっと火にかけグレービーソースを作る。

5 器に盛り4をかけて、わさびをそえる。

焼き加減の目安は、金串を肉のまんなかくらい
まで刺して抜き、金串が温かければOK。

ホタルイカの網焼き

材料

| ホタルイカ（ボイル） 30匹
| 塩 少々
| 七味唐辛子 少々
| マヨネーズ 少々

作り方

1 ホタルイカの目をとって、竹串に刺し、
   両面に塩をふる。
2 炭火に網を乗せ、
   ホタルイカを両面焼き色が付くまで炙る。
3 七味唐辛子をふったマヨネーズにつける。

じっくり焼いてもサッと炙ってもOK！
好みで加減しよう！

お好み串揚げ

材料

豚バラ肉（ブロック）	100g
アスパラ	1本
長芋	100g
ソーセージ	2本
お好み焼き粉	1カップ
卵	1個
水	180ml
サラダ油	適量

作り方

1 材料は全て鍋の大きさに合わせ棒状に切って、竹串に刺す。

2 お好み焼き粉と卵、水をクッカーに入れて混ぜ、衣を作る。

3 ダッチオーブンにサラダ油を入れて170℃に熱する
  （落とした衣がさっと浮き上がったら適温）。

4 1を2にくぐらせ、3で揚げる。

揚げ時間は、肉類は2〜3分、野菜は1分が目安。
ソースや塩などをつけ、自分のペースで食べながら揚げよう。

メスティンを使ってみよう

取っ手付きのアルミ飯ごうメスティン。熱伝導の高いアルミ製なので、アルコールストーブなどの弱い火でもごはんが炊けちゃう優れものです。このメスティンを使ったおすすめ料理を紹介します。

使用したメスティン：TR120（著者私物）
重量：150g
サイズ：17×9.5×6.2cm
容量：750ml

山菜の炊き込みめし

材料	米	1合		水	200ml
	山菜ミックス（水煮）	80g			
	焼鳥缶（たれ）	1缶（75g）			

作り方
1 米は研いでメスティンに入れて、30〜40分ほど浸水させる。
2 山菜ミックスはザルにあけ、軽く水洗いして水気をきる。
3 1の上に2と焼鳥を均一に乗せ、蓋をする。
4 3を中火にかけ、沸騰して湯気が出てきたら、極弱火にして10分ほど炊飯する。水分量が多い場合、1分単位で炊飯を続ける。
5 一旦蓋を開け、米がベチャっとしていなければ10分ほど蒸らす。

鮭とイクラの親子めし

材料

米	1合	水 200ml
甘鮭	1切	
イクラ醤油漬け	お好みの分量	

作り方

1　米は研いでメスティンに入れて、30〜40分ほど浸水させる。

2　**1**の上に甘鮭をおき、蓋をする。

3　**2**を中火にかけ、沸騰して湯気が出てきたら、極弱火にして10分ほど
　　炊飯する。水分量が多い場合、1分単位で炊飯を続ける。

4　一旦蓋を開け、米がベチャっとしていなければ10分ほど蒸らす。

5　**4**にイクラ醤油漬けを乗せる。

焼鳥と穂先メンマの炊き込みめし

材料	米	1合	水	200ml
	穂先メンマ（瓶詰）	80g	鷹の爪（輪切り）	少々
	焼鳥缶（塩）	1缶（75g）		

作り方

1 米は研いでメスティンに入れて、30〜40分ほど浸水させる。

2 1の上に穂先メンマと焼鳥、鷹の爪を均一に乗せ、蓋をする。

3 2を中火にかけ、沸騰して湯気が出てきたら、極弱火にして10分ほど炊飯する。水分量が多い場合、1分単位で炊飯を続ける。

4 一旦蓋を開け、米がベチャっとしていなければ10分ほど蒸らす。

炊き込みメスティンパエリア

材料	米	1合		赤パプリカ（小さく切る）	少々
	水	200ml	**A**	ミニトマト（小さく切る）	2個
	パエリアの素	4g		シーフードミックス	
	乾燥パセリ	少々		（冷凍・解凍して水気を切る）	適量

作り方
1. 米は研いでメスティンに入れて、30〜40分ほど浸水させる。
2. 1にパエリアの素を入れてよく混ぜる。
3. 2の上に**A**を均一に乗せ蓋をする。
4. 3を中火にかけ、沸騰して湯気が出てきたら、極弱火にして10分ほど炊飯する。水分量が多い場合、1分単位で炊飯を続ける。
5. 一旦蓋を開け、米がベチャッとしていなければ10分ほど蒸らす。
6. 5に乾燥パセリを散らす。

豚バラ白菜鍋

材料	白菜	1/6カット	鰹だし（顆粒）	8g
	豚バラ肉		粗挽き胡椒	少々
	（スライス）	100g	水	少々
			塩	少々

作り方
1　白菜と豚肉はメスティンの横幅に合わせて切る。

2　メスティンに白菜と豚肉を交互に隙間なく詰める。

3　2の上に鰹だしと粗挽き胡椒をかけ、メスティンの半分くらいまで水を入れて蓋をする。

4　メスティンを中火にかけ、肉に火が入り白菜がくたっとするまで煮る。

5　水が足りない場合は追加し、都度塩で調味する。

ホタルイカのペペロンパスタ

材料

パスタ（お好みのもの）	適量
ホタルイカ（ボイル）	10匹
ガーリックオリーブオイル	200ml
鷹の爪（輪切り）	少々
塩	少々

作り方

1 メスティンで湯を沸かし塩（分量外）を入れて、パッケージ通りの分数でパスタを茹でる。

2 湯切りした1にホタルイカとガーリックオリーブオイル、鷹の爪を入れて、弱火で絡めながら炒める。

3 塩で調味する。

CHAPTER 4

スパイスおつまみレシピ

いろんなスパイスを集めてはみたものの、使い方がわから
ない！　そんなあなたのために、スパイスを使ってできるか
んたんおつまみレシピを紹介するのがこのCHAPTER4。
味付けは基本的に濃いめなので、お酒の肴にはもちろん、
ごはんにもよく合うのでぜひお試しください。

手羽中の燻製風

材料

鶏手羽中	10個
塩	少々
粗挽き胡椒	少々
オリーブオイル	大さじ1
スモークドパプリカパウダー	適量

作り方

1 鶏手羽中に塩と粗挽き胡椒をふる。

2 フライパンにオリーブオイルを中火で熱し、
   1を入れて皮側から焼く。

3 皮面がパリっと焼けたら、裏返してさらに5分ほど焼く。

4 器に盛り、スモークドパプリカパウダーをかける。

スモーカーが大きくて持って行きたくないときにおすすめ。
手軽に燻製が味わえるよ。スパイスの量は好みで調整しよう!

カリフラワーの
スパイシー炒め

材料

	カリフラワー	200g
	オリーブオイル	大さじ1
	マヨネーズ	大さじ1
	コリアンダーパウダー	小さじ1
A	ターメリックパウダー	小さじ1/2
	塩	少々
	粗挽き胡椒	少々

作り方

1 カリフラワーは下茹でして、ザルにあげて水気をきる。

2 フライパンにオリーブオイルを中火で熱し、
   1を入れて1分ほど炒める。

3 **2**に**A**を入れて1分ほど絡めながら炒める。

4 火を止め、**3**にマヨネーズを絡める。

カリフラワーの下茹では1分ほどでサッと済ませよう。
固めに茹でたほうが食感が残っておいしいぞ。

スパイシーレバニラ

材料

豚レバー	100g	塩	少々
野菜ミックス※	1/2袋	粗挽き胡椒	少々
※ニラ、もやし入りのもの		ごま油	大さじ1
		にんにく	1片
		オイスターソース	大さじ1
		カレー粉	大さじ1

作り方

1　豚レバーに塩と粗挽き胡椒をふる。

2　にんにくはスライスする。

3　フライパンにごま油を中火で熱し、**1**と**2**を入れて、
　　豚レバーの両面に焼き色が付くまでしっかり炒める。

4　**3**に野菜ミックスを入れて1分ほど炒める。

5　**4**にオイスターソースとカレー粉を入れて1分ほど炒める。

カレー粉を炒めると食欲をそそる香ばしい
匂いが広がる。今夜はひと味違うレバニラを。

牛すじのペッパー煮込み

材料

牛すじ肉	300g		にんにく（チューブ）	5cm
玉ねぎ	1/2個		塩	小さじ1
トマト缶（ホール）	200g		クミンパウダー	小さじ1
オリーブオイル	大さじ1	**A**	ターメリックパウダー	小さじ1/2
水	200ml		コリアンダーパウダー	小さじ1
			カイエンペッパーパウダー	小さじ1/2
			ブラックペッパーホール	10粒

作り方

1 鍋に牛すじと、牛すじが浸かるほどの水（分量外）を入れて
  中火にかけ、沸騰後1分ほどでザルにあげる。

2 1を流水でよく洗い、一口サイズに切る。玉ねぎはくし切りにする。

3 洗った鍋にオリーブオイルを中火で熱し、
  玉ねぎを入れて薄い茶色になるまで炒める。

4 3にトマト缶を入れて、潰しながら5分ほど炒める。

5 4にAを入れて、香りが立つまで炒める。

6 5に牛すじと水を入れて沸騰させる。

7 沸騰したら弱火にし、蓋をして30分ほど煮込む。

牛すじのかたさは、7の工程で調整できるぞ。
やわらかくしたい人は煮込み時間を増やそう！

クミン香る羊肉炒め

材料

ラム肉（ステーキ用）	200g
小ねぎ	1本
塩	少々
粗挽き胡椒	少々
ごま油	小さじ1
クミンパウダー	小さじ1
スモークドパプリカパウダー	適量

作り方

1 ラム肉の両面に塩と粗挽き胡椒をふる。

2 小ねぎは小口切りにする。

3 フライパンにごま油を中火で熱し、ラム肉を入れて
両面に焼き色が付くまでしっかり炒める。

4 **3**にクミンパウダーとスモークドパプリカパウダーを
かけてさっと炒め、**2**をかける。

スモークドパプリカパウダーの代わりに
カイエンペッパーで辛くするのもおすすめだ！

カレーなる親子丼のあたま

材料	鶏もも肉	200g		ごま油	大さじ1
	小ねぎ	1本		水	100ml
	卵	2個	**A**	めんつゆ	100ml
				カレー粉	小さじ1

作り方　1　鶏肉は一口サイズに切り、小ねぎは小口切りにする。

2　鍋にごま油を中火で熱し、鶏肉を入れて、表面が白くなるまで炒める。

3　2に**A**を入れて、蓋をして5分ほど煮る。

4　蓋を開け溶いた卵でとじて、小ねぎを散らす。

チョリソーと豆のトマトスパイシー煮込み

材料				
	チョリソーソーセージ	5本	塩	少々
	玉ねぎ	1/4個	粗挽き胡椒	少々
	ミックスビーンズ缶	200g		
A	トマトジュース	200ml		
	にんにく（チューブ）	3cm		
	クミンパウダー	小さじ1		
	カイエンペッパーパウダー	小さじ1/2		

作り方　1　チョリソーは3等分に斜めに切り、玉ねぎはみじん切りにする。

　　　　2　鍋を中火で熱し、チョリソーと水気をきったミックスビーンズ缶、
　　　　　　Aを入れてよく混ぜ、沸騰させて5分ほど煮る。

　　　　3　塩と粗挽き胡椒で調味し、玉ねぎを入れて混ぜる。

ししゃものスパイス焼き

材料	ししゃも　5尾	クミンパウダー	小さ1/2
		マヨネーズ	大さじ1
		スモークドパプリカパウダー	大さじ1
		七味唐辛子	適量

作り方　1　ししゃもにクミンパウダーをふる。

　　　　2　炭火に網を乗せ、ししゃもの両面をしっかり焼く。

　　　　3　**2**を器に盛り、スモークドパプリカパウダーをかける。

　　　　4　シェラカップにマヨネーズと七味唐辛子を入れてソースを作る。

野菜スティックスパイシーディップ

材料	好みの野菜		カレー粉　　小さじ1
	（きゅうり、にんじん、大根など）　適量		マヨネーズ　大さじ1
	アンチョビ　　　　　　　　　2尾		

作り方　**1**　野菜はスティック状に切り、アンチョビは包丁で細かく叩く。

　　　　2　シェラカップにカレー粉とマヨネーズ、アンチョビを入れて混ぜ、
　　　　　　ソースを作る。

著者略歴　1999年に出張料理ユニット『東京カリ〜番長』に加入後、SHINGO/3LDK名義でDJ、クラフト、アウトドア主任を17年間勤める。2016年、東京カリ〜番長を脱退と同時に、現在は新ユニット『CURRY SHOGUN』で活動。更にキャンプ場でのイベント企画、運営、アウトドアメディアへのレシピ提供など、多岐にわたり活動している。

STAFF	編集	丸山亮平（百日）
	デザイン	フクナガコウジ
	撮影	北村勇祐
	スタイリング	阿部まゆこ
	イラスト	小山ゆうじろう
	編集協力	清水健太、泉みや
	撮影協力	DAYS CAMP（https://dayscamp.owst.jp/）

ひとりぶんのキャンプごはん
JUST REAL SOLO CAMPING RECIPES

2020年9月4日　初版発行

著　　者	緑川真吾
発行者	鈴木伸也
発　　行	株式会社大泉書店
住　　所	〒101-0048　東京都千代田区神田司町2-9　セントラル千代田4F
電　　話	03-5577-4290(代)
FAX	03-5577-4296
振　　替	00140-7-1742
印刷・製本	株式会社光邦

©Oizumishoten 2020 Printed in Japan
URL　http://www.oizumishoten.co.jp/
ISBN 978-4-278-04731-8　C0075